EL HIJO DEL PESCADOR

El espíritu de
Ramón Navarro

patagonia®

Punta de Lobos. Foto: Joe Curren

Patagonia publica libros que reflejan nuestra búsqueda y valores. Libros sobre naturaleza, deportes al aire libre, innovación y causas que reflejan nuestro compromiso con el medio ambiente.

Derechos de autor 2015 de Patagonia Works
Textos © Chris Malloy, Matías López, Yasha Hetzel, Dusty Middleton, Kohl Christensen, Josh Berry, Will Carless, Gerry López, Nick Mucha y Ramón Navarro
Ilustraciones © Russell Crotty
Los derechos de autor de todas las fotografías pertenecen a los fotógrafos tal como las leyendas lo indican.

Editor: John Dutton
Editor de fotografía: Jenning Steger y Sus Corez
Diseño: Scott Massey y Chris Malloy
Ilustraciones: Russell Crotty
Producción: Scott Webber y Rafael Dunn

Impreso en China en papel 100% reciclado

Fotos de portada, contratapa y esta página:
Jeff Johnson

Número de control de la Biblioteca del Congreso
2015930582
Softcover ISBN 978-1-938340-49-9

1%
FOR THE
PLANET.
MEMBER

El uno por ciento de los ingresos por la venta de este libro se destina a la preservación y restauración del medio ambiente.

PÁGINA SIGUIENTE Ramón Navarro, Punta de Lobos, Chile. Foto: Rodrigo Farias Moreno

Índice

INTRODUCCIÓN

por Chris Malloy

9

01 Sentido de procedencia

LOS PRIMEROS AÑOS

por Matías López

19

CONOCIMIENTO DEL OCÉANO

por Yasha Hetzel

39

02 La búsqueda

El guía

Fotos de Patrick Trefz

52

LA EXPLORACIÓN

por Dusty Middleton

71

Sea Change

fotos de Jeff Johnson, Alfredo
Escobar, Juan Luis de Heeckeren, Scott
Soens, Grant Ellis y Todd Glaser

79

**RECUERDOS DE LA PRIMERA
VISITA DE RAMÓN**

por Kohl Christensen

83

03 Protegiendo a los suyos

La zona de impacto

fotos de Jeff Johnson

94

DE CORAZONES Y DE MANOS

por Josh Berry

101

UNA COMUNIDAD CONMOVIDA

por Will Carless

107

Fuego y hielo

fotos de Rodrigo Farias Moreno,
Alfredo Escobar y
Juan Luis de Heeckeren

112

04 Subiendo al escenario

POR AMOR AL SURF

por Gerry Lopez

125

**UNA RESERVA MUNDIAL
PARA EL SURF**

por Nick Mucha

135

**UNA VISIÓN PARA PUNTA
DE LOBOS**

por Ramón Navarro

144

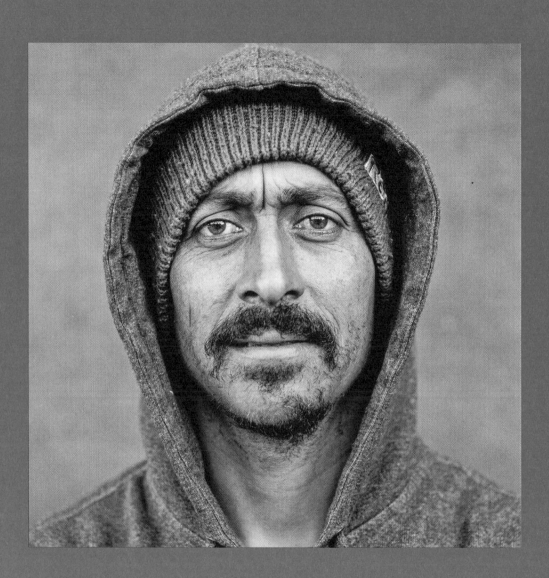

Ramón Alejandro Navarro Rojas.
Foto: Jeff Johnson

INTRO—DUCCIÓN

por Chris Malloy

Le pregunto al anciano cuánto hace que la gente ha estado aquí pescando. No dice nada, y en su lugar saca un paquete de lino harapiento de una caja de madera y comienza a desenvolverlo cuidadosamente. Su rostro y manos están gastados por el viento, pero sus ojos plomizos son lúcidos y vivos.

Estoy sentado en una mesa frente a cuatro pescadores que han vivido toda su vida aquí en Punta de Lobos. Estamos en su campamento de pesca. Le pregunto al anciano si podemos filmar mientras cosechan durante la próxima marea baja. El anciano continúa abriendo el lino y, con la mirada baja pregunta: "¿Qué significa el océano para ti?".

En ese momento me doy cuenta de que ya no soy más el observador. Miles de cosas pasan por mi mente y al fin le respondo: "Todo". Hay un largo silencio.

Uno de los hombres trae una olla con sopa de pescado hirviendo. Los rayos de sol que entran por la ventana iluminan el vapor que inunda toda la habitación. Finalmente, el anciano levanta su mirada y acepta que mi equipo de filmación los acompañe, pero sugiere que tal vez sea más útil llevar una red que una cámara.

Extiende el lino sobre la mesa y cuidadosamente me muestra lo que contiene. Es una punta de flecha de sílex verde oscura, magistralmente tallada, un artefacto mapuche que se usaba para cazar y pescar hace miles de años. Toma su sopa y me deja para que asimile el origen de la antigua herramienta tallada a mano que está frente a mi.

La punta de flecha da cuenta de las primeras personas que habitaron esta región hace miles de años. Dice mucho acerca de los navegantes españoles que llegaron aquí en el siglo dieciséis y de las nueve generaciones de mestizos que pescaron, segaron, recogieron el forraje y cultivaron la tierra. Sobre todo, ayuda a entender por qué Ramón Alejandro Navarro Rojas tiene fuego en su corazón y la firme intención de cuidar esta costa, además del ímpetu por perseguir la olas más grandes del planeta.

Nacido y criado en Punta de Lobos junto a pescadores artesanales y recolectores de comida, Ramón fue educado para proveer a su familia a través de un profundo conocimiento del océano. Y lo ha hecho, pero de una manera que sus antepasados jamás hubieran imaginado.

Se lo ha descrito así: "De origen humilde, toma al mundo de las olas grandes por asalto". Después de todo, se crió en una familia de pescadores de subsistencia y se convirtió en un héroe nacional. Pero Ramón ve las cosas de manera diferente; cree que a le dieron todo durante su infancia y que sus logros con las olas gigantes son simplemente parte de una visión mucho más grande que tiene para la costa chilena.

Hace diez años que conozco a Ramón y he sido testigo privilegiado de su poco común trayectoria. En los últimos diez años ha venido empujando el límite de lo que el ser humano puede lograr en aguas complicadas. Lo que me inspiró para hacer una película sobre Ramón, entre otras cosas, es lo mucho que ha hecho por el cuidado de la costa a través del surf, tanto en Chile como en el exterior. Las cualidades y características de quienes conforman el panteón del surf de ola gigante a nivel mundial varían mucho tanto en su camino al éxito como en los motivos por los cuales han llegado ahí. Según muestran las historias y fotos que vienen a continuación, la vida y las motivaciones de Ramón son completamente únicas en este campo.

Más tarde esa noche, nos sentamos al lado de una estufa a leña en la casa que Ramón construyó para su familia. Con la punta de flecha mapuche en sus manos, Ramón mira hacia Punta de Lobos. La previsión del oleaje muestra que una enorme baja de presión ha descendido sobre el Pacífico Sur, lo cual significa que deberá tomar un avión dentro de cuarenta y ocho horas. Para Ramón, hacer surf en una ola de quince metros significa tiempo y entrevistas en el escenario nacional y una oportunidad para hablar en contra de los planes de desarrollo propuestos para la costa local.

Le pregunto si va a ir. Ramón sonríe y mientras se dirige a la cama, dice: "Por supuesto amigo, esto es sólo el comienzo".

La abundancia que el mar y la tierra proveen.
Fotos: Rodrigo Farías Moreno

01 Un sentido de procedencia

Costa central de Chile. Foto: Dylan Lucas Gordon

En la década de los setenta, los padres de Ramón vivían precariamente en esta punta, con vista a los Morros y al rincón de pesca favorito de su padre. Cuando Ramón nació se mudaron a una casa en la playa cerca de Pichilemu. Ramón sentado en su lugar de nacimiento. Punta de Lobos, Chile. Foto superior: Jeff Johnson. Foto inferior: Rodrigo Farias Moreno

DERECHA Alejandro "Jano" Navarro, el padre de Ramón. Foto: Rodrigo Farias Moreno

Ramón sabe lo que valora de la vida: un estilo de vida, no un estado de cuenta bancario o posesiones materiales. Pienso que la gente que pasa mucho tiempo en el océano y en la naturaleza se da cuenta de que es allí donde está el valor real. Creo que ha sido muy útil para Ramón poder viajar por el mundo y ver que las cosas no están tan bien en otros lados. Y darse cuenta de las muchas riquezas naturales de Chile y de cuántos lugares quedan aún sin explotar. Es muy bueno que alguien como él, de origen humilde, haya podido viajar por el mundo y haya adquirido una mejor perspectiva que la de muchos políticos de Chile. En realidad, él está en una posición única para hacer mucho bien. — Mark Healey

LOS PRIMEROS AÑOS

por Matías López

En marzo de 1989, al término de otro verano salvaje, muchos de los surfistas volvían a sus casas, la mayoría vivía en Santiago, la capital. Pichilemu era ya el epicentro del surf en Chile, pero el surf sólo se practicaba durante los veranos y los fines de semana. Cuando el verano terminaba, Pichilemu se convertía en un pueblo de pescadores y permanecía como un pueblo fantasma durante los restantes nueve meses. Los hoteles, restaurantes, gran parte del comercio y hasta las playas se cerraban.

Acababa de terminar la enseñanza media en Santiago y había decidido quedarme para practicar surf y hacer lo que fuera para sobrevivir. No iba a volver a mi casa en Santiago, no iba a ir a la universidad, quería convertirme en pescador y en un surfista de verdad. Poder entender el océano, correr olas grandes, vivir frente al lugar donde está el buen surf. Viajar, explorar y hacer lo que hacían los lugareños.

Después de un par de meses de dar vueltas, terminé compartiendo una casucha con mi amigo Mando, justo en frente a Infiernillo, donde a veces llegan las mejores olas del pueblo. Una mujer muy simpática tenía una pequeña tienda en una callejuela escondida donde vendía golosinas, pan y no mucho más. Le pregunté si ella podía lavar mi ropa y comencé a frecuentar su casa. El marido de María, Jano, era pescador, cazador y contador de historias como muchos de los lugareños pero él era uno de los mejores. Nos hicimos buenos amigos y, generosamente, me enseñó a pescar en las aguas del lugar y a menudo compartía conmigo algo de su pesca.

Creo que las primeras veces que los visité, el hijo mayor de Jano, Ramón, se escondía detrás de una cortina. Nunca aparecía. Luego, de vez en cuando, lo veía en la playa observando las olas desde las rocas.

Un día se acercó a mí después de hacer surf en Infiernillo y me dijo: "Giraste bien en esa ola". Tendría solamente diez años. Fue la primera vez que escuché a un niño de esa edad hacer un comentario técnico sobre surf. Usualmente la gente te pregunta si te dio miedo o si el agua estaba fría. Enseguida me di cuenta de que este niño ya entendía, aún antes de comenzar a practicar surf.

Antes hubo muchos surfistas locales, algunos eran buenos y competían, pero nunca había visto a un niño tan claramente enfocado en su meta de convertirse en un buen surfista, en el mejor, en un profesional.

Al principio nos burlábamos de él porque traía periodistas a su casa y les contaba sobre sus raíces como pescador. Pero fue así como le dieron más cobertura que a cualquier otro. Después se puso muy bueno y ya no nos burlamos más. Contradiciendo los consejos de sus seres queridos, se dedicó por completo, haciendo todo lo posible para convertirse en el primer surfista profesional de Chile.

Al sentirse tan cómodo en el océano, Ramón rápidamente evolucionó como surfista de olas grandes y tubero empedernido. El niño que observaba desde las rocas se transformó en un compañero de surf y más adelante en un maestro.

Durante los años de nuestra querida revista de surf *Marejada*, seguía empujando los límites y se convirtió en líder del movimiento profesional, especialmente en el líder de la nueva era de exploración de olas grandes. Recuerdo dos episodios al principio del año 2000 cuando me di cuenta de que estaba pasando a otro nivel.

Un día estábamos observando las olas en Infiernillo. Se veían de ocho metros con vientos leves de costado, tubos cuadrados, una serie cada dos minutos y, sin respiro, olas de tres metros. Yo era feliz simplemente disfrutando el espectáculo y tomando mate, aceptando con tranquilidad que las condiciones estaban fuera de mi capacidad. Pero Ramón estaba inquieto, no podía controlar sus ansias por meterse al agua y necesitaba una moto

Foto: Rodrigo Farias Moreno

acuática. Yo necesitaba otro mate. Finalmente Ramón consiguió una moto acuática y nunca dio un paso atrás.

La siguiente vez que me di cuenta de que Ramón avanzaba a otro nivel fue en Arica. Habíamos practicado surf varias veces en El Gringo y él ya se destacaba. Le encantaban las cámaras y nos encontramos con un equipo estadounidense filmando para la revista *Transworld*. El oleaje estaba muy grande y pesado, cerrando en casi todas las izquierdas.

Ramón se volvía loco en las bombas cerradas, una detrás de la otra. Temí que pudiera ser arrastrado hacia las rocas, pero por alguna razón volvía impecable. Le dije que se calmara que no era necesario matarse sólo porque había cámaras enfocándolo, pero con tranquilidad me explicó que tenía control absoluto de la situación. Siempre iba por la última ola, habiendo dominado su acto de escape. Dijo que estaba dejando pasar algunas olas perfectas porque sabía que había otras detrás.

Creo de verdad que uno debe buscar trascender en aquello a lo que uno se dedique y eso es lo que Ramón ha hecho. Él ha creado su propio mundo, mucho más grande. Y aquellos que lo rodean se han beneficiado. Se ha convertido en un líder de nuestra comunidad, durante momentos difíciles de brutal desarrollo costero, ha asumido la responsabilidad de cuidar las maravillas naturales de Chile, la cultura del surf y la unidad de nuestra tribu. La tarea no es fácil y esto es sólo el comienzo. Desde Álvaro Abarca y los pioneros, a mi generación, a Ramón, Merello y Medina, a los niños de hoy y mañana. Nuestra tradición es nuestra fuerza e inspiración.

PÁGINAS ANTERIORES Cuatro generaciones de Navarros
en Punta de Lobos IZQUIERDA Foto: Rodrigo Farias
Moreno ARRIBA La próxima generación tendrá que
enfrentar el desarrollo desmedido del litoral.

Ojalá hubiésemos luchado mucho más cuando éramos jóvenes y ojalá los muchachos de la generación anterior a la mía hubiesen luchado más aún para conservar los sectores rurales del país. Veo carteles por todos lados en la Costa Norte y es irónico porque la mayoría de quienes ponen esos carteles son gente acomodada que ya compró casas y es dueña de todo. Esta gente no quiere que nos estacionemos en frente de sus propiedades y no quiere eventos de surf, porque ahora ellos tienen un pedazo de la torta. Y eso es triste. Algo parecido sucedió con los hawaianos, quienes antes eran muy generosos, tanto que lo dieron todo. Es por eso que hoy son muy esquivos. Es bueno ver a alguien como Ramón que lucha por su gente, porque Chile es como Hawái hace 200 años. Mantengamos este lugar tal y como está. Mantengámoslo de esta manera. Mantengámoslo por los lugareños. — Sunny Garcia

DERECHA Ramón increpa a un guardia de una de las empresas inmobiliarias que busca convertir la costa natural y su rompiente de olas de izquierda en un lujoso proyecto de desarrollo urbano, desplazando a los lugareños y cortando el acceso a la playa. Puertecillo, zona central, Chile.

PÁGINA SIGUIENTE Ramón entrega ayuda a los damnificados del terremoto de 8.8 grados ocurrido en el año 2010. Foto: Philip Muller

Foto: Rodrigo Farias Moreno

Foto: Scott Aichner

CONOCI— MIENTO DEL OCÉANO

por Yasha Hetzel

En julio de 2004 el surfista local y propietario de un hostal, Kurt Hertrampf, organizó una competencia de olas grandes en la ciudad de Arica, ubicada en el árido límite del norte de Chile. A tan sólo días del evento, se pronosticó uno de los oleajes más grandes y limpios de los últimos años. Y como la mayoría de los surfistas sudamericanos de olas grandes ya estaban hospedados en el hostal de Kurt por el invierno, la logística fue fácil. Se envió un comunicado de prensa al periódico local, estacionamos la Mitsubishi de Kurt frente a la Playa El Laucho y se armaron los andamios para los jueces.

Llegáron las olas según el pronóstico, una sólida ola "hawaiana" de cuatro metros y medio concentrada en un pico estilo Sunset a menos de un kilómetro de la costa bajo un cielo grisáceo. Debido a la neblina fue difícil tomar fotos, pero instalé mi cámara en un trípode y comencé a disparar. Eran las olas más grandes que había visto y la valentía de los locales me impresionó. La mayoría de los artículos impresos que había visto sobre Chile destacaban a surfistas profesionales gringos bajando olas "vacías". Se mencionaba muy poco, si es que se hacía, a los surfistas locales. El surf que presencié ese día me hizo preguntar, ¿por qué no?

La mayoría de los surfistas agarraban las olas de derecha que rompían violentamente, pero terminaban en un canal profundo luego de una trayectoria muy corta. Las olas de izquierda ofrecían la posibilidad de una trayectoria más larga, pero sin un canal seguro resultaban en una remada larga y traicionera de regreso. Aproximadamente a mitad de cuartos de final, alguien sentado en la camioneta de Kurt comenzó a tocar la bocina para avisar que una masa gigantesca comenzaba a formarse. En la distancia, un surfista encapuchado trepó la cara de esa ola en el lado equivocado del pico y giró a último momento en una caída libre de cuatro cuerpos de altura. Al término de esa caída el surfista se conectó nuevamente, asimilando la ola en un quiebre de abajo y salió a una sección hueca de cincuenta metros aproximadamente. Uno, dos, tres ... seis segundos pasaron antes de que la ola escupiese la tabla solitaria sin Ramón en ella, volando fuera del tubo, pero recibiendo una ovación y aplausos en la playa.

Ramón no logró la ola ni ganó la competencia, pero una foto de su giro en la curva debajo de la ola se publicó en dos páginas de la revista *Surfer's Journal*. Fue la primera vez que una revista extranjera de surf publicara algo de Ramón. Pensé que su nombre pasaría al olvido; la triste realidad es que los dólares destinados a marketing generalmente se invierten cerca de casa y hay más surfistas populares dando vueltas que contratos de patrocinio.

Más tarde ese año, cuando los días de sol llegaron y la arena llenó de nuevo las rompientes del sur, me quedé con Ramón y sus padres en Pichilemu; y tuve la oportunidad de ver lo qué es la vida diaria de un pescador. Aprendí a filetear pescado y a hacer empanadas, mientras las olas solitarias esparcían arena hacia la calle.

—————

En un cuarto al fondo de la casa, una nube de harina flota en el aire blanqueando las cejas de Ramón, mientras sus dedos se mueven con destreza, retorciendo, doblando y esparciendo la masa en una encimera. Ramón sabe hornear empanadas desde que tiene memoria, la intuición le dice cuándo agregar más harina o un poco de agua y cuándo dejar de amasar para que la masa repose y leude.

Al fondo del patio, su padre Alejandro, o "Jano", como le dicen, alimentaba el fuego chisporroteante en un horno de barro, preparándose para hornear un centenar de empanadas de *mariscos* que debíamos terminar antes de ir a practicar surf. Era feriado de Fiestas Patrias y esperaban recibir muchos clientes en el negocio montado frente a la casa. Ramón y su padre habían pasado las primeras horas de la mañana buceando en el océano recolectando los ingredientes.

Mientras Ramón extendía la masa y cortaba los círculos que luego envolverían la mezcla de pescado, cebollas y mariscos, me contaba sobre su

Foto: Jeff Johnson

niñez, de los sueños de ser auspiciado con dinero y de perseguir las olas de Mavericks y de Hawái.

El orgullo de Ramón por su padre y el de éste por su hijo eran evidentes, aunque no lo dijeran. Se relacionaban como si fueran amigos, bromeaban y se burlaban el uno del otro. Si le dices a tu hijo que es el mejor, su ego se inflará demasiado. Mejor ser modesto, trabajar duro, dejar que tus acciones hablen.

Su padre le enseñó a Ramón que el océano te puede dar todo si sabes dónde, cuándo y cómo. Jano sabía cómo recibir del océano y cómo devolverle. Como guardar sólo lo que necesitas, dejar al pez pequeño para que se convierta en un pez grande. Ramón escuchaba a su padre, pero seguía sus consejos bajo sus propios términos. "Puedo hacer esto con olas", Ramón decidió. A él le encantaba pescar, pero se dio cuenta cuán dura era la vida de su familia e imaginó un camino hacia un futuro más promisorio.

"¡Ya basta de hablar de surf! ¡Apúrate con esas empanadas antes de que el fuego se apague!", Jano asomó su cabeza por la puerta, sonrió y me guiñó el ojo antes de agregar: "Y tú gringo, deja esa cámara y ponte a trabajar!".

La idea de Ramón de una carrera como surfista profesional era apasionante, pero me parecía estar muy lejos de la realidad. El padre de Ramón estaba de acuerdo conmigo.

"Aprecia lo que tienes Ramón", su padre le decía una y otra vez.

Cuando Ramón terminó con la masa cortó pequeños círculos. Con una cuchara puso el relleno en cada círculo, agregó una aceituna y medio huevo duro a cada uno y luego de envolver el relleno con la masa, hizo un pliegue en los bordes. Le llevó una bandeja de madera a su padre donde había rollos de *cochayuyo* y ajíes que se ahumaban bajo un techo. Mientras trabajaban juntos horneando las empanadas en el horno de barro, señalando los errores de cada uno, vi dos versiones del mismo hombre. Uno, de mediana edad y quedándose calvo, con manos encallecidas y una vida llena de lecciones aprendidas; el otro con una cabellera abundante, joven, entusiasta y tal vez un poco inocente.

De vez en cuando, mientras sacaban las empanadas humeantes del horno, una se abría y una aceituna se caía al suelo. Descansamos sentados y nos comimos las que estaban estropeadas. El papá de Ramón miró hacia el patio y notó que el sauce había parado de moverse con el viento. "Mejor que vayas a Lobos si quieres mostrarle a este gringo algunas olas", dijo. Ramón se levantó de un salto y tomó su traje de neopreno ya seco que colgaba de uno de los travesaños.

"Vamos", me dijo. Luego de veinte minutos estábamos en el agua, compartiendo paredes lisas con unos pocos amigos mientras el sol se ponía.

———

Hoy, una década después de esa puesta de sol, Ramón logró su sueño imposible. Tiene una casa y dinero para compartir con su esposa e hijos y libertad para viajar por el mundo. Pero él es más feliz aquí en su lugar natal.

"Me tomó mucho tiempo darme cuenta", me dice. "Pero mi papá tenía razón; aquí tengo todo".

Actualmente Ramón es un hombre ocupado, pero aún encuentra el tiempo para ayudar a sus padres y hacer empanadas. Hasta el día de hoy dice que la ola que fotografié en Arica fue una de las mejores. Sueña con agarrarla de nuevo y usar su experiencia para salir bien del tubo la próxima vez.

Le enseñará a su hijo la misma lección que su padre le enseñó a él: sé modesto, sueña a lo grande. Cuida el océano y este te cuidará a ti.

ABAJO La abuela de Ramón le cuenta historias del pasado, cuando vivía en una cueva en Punta de Lobos. Fotos: Jeff Johnson

Arica, Chile. Foto: Scott Aichner

PÁGINA ANTERIOR El Buey, en Arica, como otras rompientes en Chile, ha sido
amenazada por el desarrollo urbano. Ramón y la comunidad surfista
han sabido manifestar su oposición hacia este tipo de proyectos y los
daños que conllevan. En definitiva, han ayudado a preservar esta costa.
PÁGINA SIGUIENTE El frente de la tienda de la familia de Ramón donde venden
empanadas caseras. PÁGINAS 42-47 Fotos: Yasha Hetzel

02 La búsqueda de más

El guía

Fotos de Patrick Trefz

PÁGINAS 52-67 Las acciones de Ramón son más elocuentes que cualquier palabra. Su visión de la costa chilena no es acapararla o preservarla para sí mismo, quiere compartirla con gente con intereses afines. El ha demostrado el valor de las olas chilenas a todo el mundo,

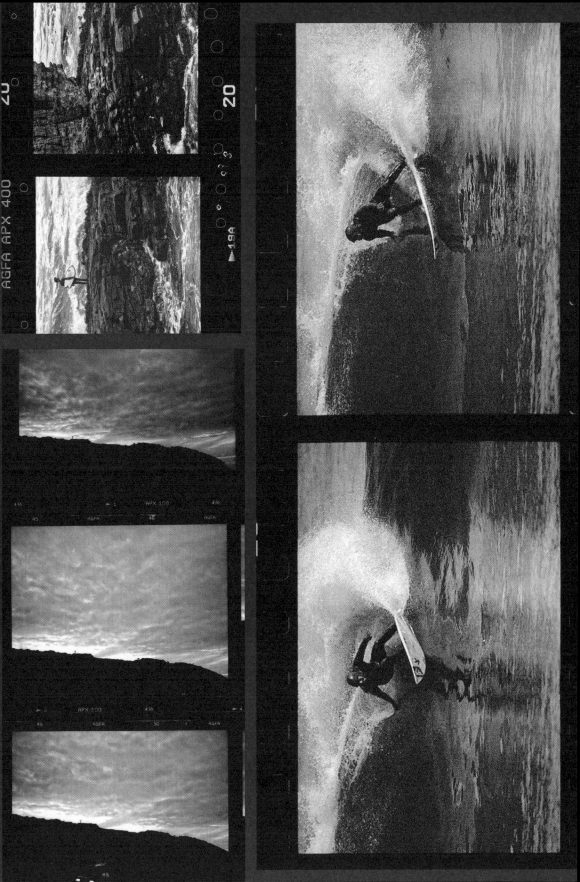

Tú sabes que hay muchas olas por descubrir, es casi abrumador. Hay tantas olas grandes y uno no tiene ni los recursos ni el tiempo suficientes para explorarlas y encontrar el próximo Jaws, que es en realidad lo que todos estamos buscando. Un año me trajo a este *slabs*, creo que era Santos del Mar. Tuvimos que botar los esquíes a través de una fuerte rompiente de olas. El esquí empezó a rodar y casi nos estruja mientras lo empujábamos hacia adentro. Me llevó allá adentro hacia este slab de derecha mutante en el que apenas se podía hacer surf y luego me azoté rápidamente en un par de izquierda. Fue sinceramente una experiencia de terror. — Grant Baker

PÁGINA SIGUIENTE En el año 2007, la Asociación de Surfistas Profesionales (por sus siglas en inglés ASP) viajó al norte de Chile para realizar un evento en un lugar llamado El Gringo. Durante las primeras horas de la mañana rompió un oleaje gigantesco y los directores de la competencia decidieron que era demasiado grande y tormentoso como para realizar el evento. Mientras los mejores surfistas del mundo observaban, Ramón remó hacia adentro solo y corrió las olas más grandes. Foto: Alfredo Escobar

LA EXPLORA—CIÓN

por Dusty Middleton

Cuando Ramón era pequeño, antes de haber tocado siquiera una tabla de surf o de haber comenzado a observar las olas, su padre Alejandro le enseñó a bucear a pulmón. Ramón conoció el mar en aguas muy frías, usando equipo casero y gruesos trajes de goma. Alejandro le enseñó a su niño que el océano frente a su casa le proveería y pondría comida en su mesa.

Cuando era pequeño, trepaba las rocas de Punta de Lobos, escuchaba atentamente y aprendía de su padre y así se convirtió en un pescador chileno. Ramón, al igual que Alejandro, sobreviviría al lado del mar. Viviría contento y seguro de sus habilidades.

En la cultura chilena de pescadores, buzos y recolectores de algas, el arte de sus conversaciones, saludos, rimas, chistes y poemas se pasa de generación en generación, como si se tratara de una prueba oral para reconocer a quienes pertenecen al grupo. La conexión de Ramón con el humor y el lenguaje de su clan familiar es parte clave de su personalidad e identidad.

—

Miles de kilómetros al norte, Ramón Navarro, un joven centrado con gafas de sol, una gorra de béisbol y un Jeep atiborrado de tablas de surf, saluda educadamente y conversa con pescadores curtidos. Estos son sus momentos favoritos del día. El conocimiento que estos hombres de modos sencillos tienen de su costa, las corrientes y de los *slabs* lejos de la costa es invaluable. Sus chistes y rimas le producen a Ramón carcajadas y placer.

Es de mañana y nos detenemos frente a casucha para saludar al único *pescador* que encontramos en un tramo de 32 kilómetros entre rocas y mar. Mientras observo y escucho su conversación—demasiado rápida para los oídos de un gringo—observo que el viejo pescador se ilumina al darse cuenta de que Ramón responde con las rimas y cadencias correctas. El anciano asiente, sonríe y en seguida sabe que Ramón es parte del clan familiar.

Intercambian chistes y rimas. Se ríen. Miran fijamente al horizonte. Hablan sobre el mar y el viento y se desean un buen día.

"Este viejo se sabe una muy buena", Ramón se ríe entre dientes mientras volvemos al Jeep despidiéndonos en voz alta: *"Adiós, nos vemos"*. Ramón hace señas con su mano y continúa lentamente hacia el sur.

El perspicaz juego de palabras, el humor, las rimas y las adivinanzas de estas reuniones ayudan mucho. Esta es una costa rigurosa y solitaria donde la visita semanal de un camionero que vende agua puede ser la única que reciba el pescador en meses.

—

IZQUIERDA En la carretera, en algún lugar del desierto en el norte de Chile. Foto: Crystal Thornburg-Homcy ABAJO Existen muchos secretos por descubrir si estás dispuesto a andar fuera de los caminos habituales. Fotos: Rodrigo Farías Moreno

Ramón y yo hemos venido acampando durante el viaje desde el límite norte de Chile hacia el sur, manejamos a lo largo de caminos de tierra disparejos que serpentean a lo largo de acantilados bajos. Una nube fina de tierra colorada se desprende de las ruedas y cae lentamente detrás en un aire calmo. El océano ha estado calmo y claro, el cielo del medio día brillante y despejado.

Se dice que el Desierto de Atacama es el más seco del mundo. Y a pesar de no haber abundancia de vida en la región, el océano se desborda de ésta. Hemos comido como reyes: nuestras máscaras, trajes de neopreno, aletas y fiel arpón han mantenido nuestros estómagos llenos.

La curiosidad de Ramón por explorar este trecho de Chile comenzó hace algunos años. Era un adolescente tranquilo que escuchaba su *walkman* con su cara pegada a la ventana de un autobús. Cuando viajaba hacia el norte, a Iquique, para participar en una competencia de surf, vivió por primera vez la inmensidad, el vacío y la libertad de su país. En las raras ocasiones en que el viaje de 30 horas le permitía ver el mar, quedaba fascinado.

La Panamericana, el único camino de norte a sur, se desvía alejándose del océano durante un largo trecho de miles de kilómetros y en uno de estos trechos manejamos lentamente nuestra 4x4 mientras mapeábamos y hacíamos surf. Esta es una región de olas abundantes. En cada curva y caleta las aguas profundas y los arrecifes poco profundos muestran su potencial. Ramón ha dedicado gran parte de su vida adulta a la exploración de la inmensa costa de su país y a descubrir sus secretos.

Los pescadores de esta región le dicen a Ramón que han visto autos con tablas de surf solamente unas pocas veces en los últimos diez años. Pero que nunca vieron hacer surf en las olas frente a sus campamentos, hasta que nosotros lo hicimos.

———

Hemos acampado por un mes a lo largo de la costa, estamos cerca del límite sur de Atacama y en este momento vemos que hay olas grandes. Nos estacionamos en un peñasco que da a una bahía afilada y caminamos al borde de un pequeño acantilado para estudiar las olas y tomar mate.

El océano se está moviendo, las corrientes se deslizan rápidamente a lo largo de las rocas. No hay arena o lugares seguros en ninguna dirección para salir del agua, solamente rocas afiladas, *erizos* y *picorocos*. Aquí usamos botas de neopreno, no tanto para mantener los pies abrigados sino para protegerlos.

En el agua hay un cambio, un pico grueso en forma de A. Suponemos que es igual que un Sunset de tamaño normal. La cresta tira en cámara lenta y el aire está lleno de sal. La derecha interior se ve engañosa y demasiado rápida. La ola es complicada y poco confiable.

Después de observar este pico por una hora decidimos que hoy no es el día. Demasiada corriente. Demasiado caos. Al igual que las otras docenas de olas de primera clase, Ramón se guardará esta en su mente y volverá en el futuro.

Manejamos unos kilómetros más hacia el sur y nos encontramos con una buena punta en que seguramente nunca nadie ha hecho surf.

Pasamos veinte minutos observando mientras sacamos las tablas del porta tablas y las preparamos. Los dos pensamos que el oleaje está bueno y entramos. Es gracioso que la decisión prudente es una izquierda huequísima de tres metros. A Ramón se le baja el aire de la cara en la primera ola y quiebra hacia arriba a un barril grueso sin salida.

El mes de exploración de surf termina pronto, pero la impresionante tranquilidad de este trecho del norte chileno nos hará volver. El camping y la pesca submarina han sido tan buenos. Los días que pasamos buscando olas grandes en las que antes nunca se habían hecho surf, tan placenteros.

Esa noche, mientras nos sentamos alrededor del fogón apoyados contra las rocas, calentamos una olla de *navegado* y recordamos las diferentes olas que encontramos, le pregunto sobre el viejo pescador que conocimos esa mañana. Siento curiosidad acerca del *dicho*, la rima que el pescador compartió con Ramón y lo hizo reír.

Ramón asiente, sonríe y sirve dos copas de vino caliente.

"El anciano nos dijo esto, yo me lo sabía desde hace mucho tiempo: *"Dejar que la niña pene, pene sus penas de amor, que para la pena que tiene mientras más pene...mejor"*.

Ramón lo repite lentamente hasta que mi cerebro lo pueda agarrar. Cada día estos *dichos* han sido mis lecciones regulares de español. Él traduce el juego de palabras y suelta una risita. Nos relajamos y escuchamos las olas. Mañana el camino de tierra en donde estamos se junta con el pavimentado y volveremos a la civilización.

Ambos reconocemos, sentados allí en la tierra al lado de nuestras carpas, que esta vida en Atacama es buena y que el océano sin duda provee.

Kohl Christensen.
Foto: Rodrigo Farias Moreno

ARRIBA La costa central de Chile. Foto: Alfredo Escobar ABAJO "Big Ben", Kohl y Ramón bromean sobre quién repara mejor un motor de 1970. Foto: Juan Luis de Heeckeren

PÁGINA SIGUIENTE Con más de 4.000 kilómetros de costa, Ramón y Kohl apenas comienzan a explorar. Foto: Juan Luis de Heeckeren

Ramón ha ayudado a demostrar que el surf de Chile tiene tanta potencia y
tamaño como en cualquier lugar en la tierra. Foto: Alfredo Escobar

<u>ARRIBA</u> Con toda la tecnología que hay en el mundo, Chile todavía es un lugar donde la información se recibe de los pescadores y el calor de un fogón. Foto superior: Sebastian Mueller, Foto en el medio: Alfredo Escobar, Foto inferior: Dylan Lucas Gordon

<u>DERECHA</u> Foto: Jeff Johnson   78

Sea Change

Fotos de Jeff Johnson, Alfredo Escobar,
Juan Luis de Heeckeren,
Scott Soens, Grant Ellis y Todd Glaser

PÁGINA ANTERIOR Ramón pasa otra prueba durante sus primeros días en el Pipeline de Hawái. Foto: Alfredo Escobar

ESTA PÁGINA ARRIBA Ramón, Kohl y Diego. Foto: Colección de Kohl Christensen ABAJO Ramón, junto a su hijo, revisa uno de sus primeros hornos de barro en la granja de Kohl. Foto: Jeff Johnson

RECUER— DOS DE LA PRIMERA VISITA DE RAMÓN

por Kohl Christiansen

Conocí a Ramón durante mi primer viaje a Chile en 1996. Volví a Hawái, ahorré dinero y volé de vuelta a Chile en el 98. Me quedé bastante tiempo. Cuando regresé a Oahu, decidí mudarme de Kailua a la costa norte. Sabía, más o menos, que Ramón vendría; yo era prácticamente su único contacto en Hawái.

Efectivamente, Ramón apareció, pero no lo hizo solo. Llegó con Diego Medina y trajo un aficionado al *boogie board* llamado Vaca. Ninguno hablaba inglés. Era un desastre. Vaca no hablaba ni un poco, Diego menos y Ramón menos aún. Y entre los tres tenían aproximadamente cien dólares.

En esa época, yo no tenía nada de dinero. Justo había vuelto de un viaje y pasaba de un trabajo de construcción a otro. Así que decidí alojarlos en mi casa y nos pusimos a averiguar dónde encontrar comida gratis. Había una iglesia en La'ie donde todos los martes por la mañana repartían comida, pero era necesario tomar un autobús para llegar ahí. También había una "camioneta púrpura" que recorría parte de la isla y donaba comida. Y por último había otra iglesia en Hale'iwa que también donaba provisiones.

Ramón es un buen panadero, así que le ayudé a construir un horno de barro en el patio. Él y sus amigos empezaron a vender empanadas. Vaca se paraba al costado de la calle y trataba de venderlas, pero nadie paraba. Tenía un aspecto sucio, estaba descalzo, cubierto de barro y con las empanadas en una hielera roja de porquería. Y se paraba allí por horas. Nunca ganaron mucho.

Un día vendieron todas las empanadas a unos obreros de la construcción...pero todo el grupo contrajo una indigestión. Mi mamá tal vez haya sido su mejor cliente ya que les compró una cantidad grande para dos cenas que ella había organizado.

Además de esto, se la pasaban haciendo surf. No les importaba nada. Tomaban mi camioneta y mis tablas sin pensarlo dos veces.

———

Ese invierno llevamos la barca de pesca de Freed a Maui, chocamos en Lana'i y quedamos varados. Estuvimos atascados hasta que reparamos la hélice. Pescamos menpachi con arpón, Ramón es muy diestro con esa herramienta, nunca había usado un arpón con tres puntas, pero en estos temas él es realmente bueno.

Ese viaje fue de locos. Después de algunas tormentas, finalmente llegamos a Maui donde nos quedamos por un par de semanas.

A la vuelta pescamos un tiburón de dos metros y medio. Ramón decidió guardarlo, limpiarlo y conservar su carne en leche. Era buena carne. Vivimos del tiburón durante meses.

———

De eso hace ya quince años. Éramos tan jóvenes. ¿Quién hubiera pensado que haríamos surf en el Eddie Aikau juntos? Creo que en aquel entonces no era nuestra meta; simplemente nos gustaba hacer surf en olas grandes. Y, después de diez años, los dos hicimos surf juntos en el Eddie.

Ramón es uno de los atletas más exitosos de Chile. Tiene numerosos patrocinadores tanto nacionales como internacionales. Vive muy bien. Ya no roba más del Foodland ni busca comida en los botes de basura.

Ahora estamos en el mismo equipo de surf, lo cual me alegra. Corremos con las mismas tablas. Aunque las de Ramón son un poco más gruesas que las mías.

Dentro de diez años aún estaremos haciendo surf juntos. Seremos hombres de familia pero siempre dándole duro al surf. Persiguiendo olas. No puedo imaginarme ni a él ni a mi alejándonos del mar. De cierto modo, ambos hemos estado siempre conectados con el mar. Y este nos ha dado tanto.

Foto: Juan Luis de Heeckeren

Ramón llegó a Hawái sin tablas de surf y con 100 dólares en su bolsillo.
Luego de recibir un curso intensivo de Kohl sobre cómo hacer surf en
olas grandes, viviendo en el intertanto de empanadas caseras y pollos
silvestres, volvió a Chile. Después de una década de empeño en este
deporte fue seleccionado por sus pares para participar en el Eddie Aikau,
uno de los eventos de olas grandes más prestigiosos del mundo. Fotos:
Jeff Johnson

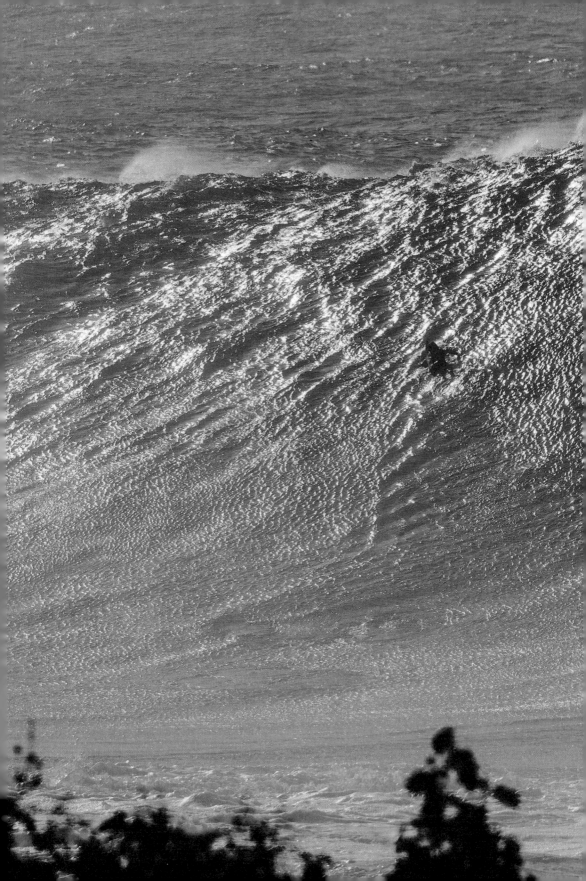

Sentía tanta emoción de ver a Ramón en la competencia (Eddie). Merecía participar en ese evento...porque cuando una ola viene, él va por ella. Simplemente da un giro y despega. Su serie fue lo mejor del evento y vinieron muchas olas grandes durante esa hora. Cuando Ramón entró, recuerdo que toda la multitud reaccionó con la expresión "¡Whaaaaaa!". Esa ola se podía ver desde un kilometro y medio y él tenía una tabla de apenas tres metros, no era una de las más grandes.

Recuerdo haber pensado cuando el entró en la ola: "¡Dios mío, ese es Ramón. De locos!". Qué bien se siente uno cuando ve a alguien, en momentos como este, que no es muy conocido en el mundo de surf y de repente en cinco segundos todos sabían quién era Ramón. Y llegó a la parte baja y todo explotó alrededor de él, salió campante y toda la multitud enloqueció.

Se me pone la piel de gallina de sólo recordar. Fue de locos estar ahí y presenciar eso. Fue obvio en ese momento que su vida iba a cambiar considerablemente — Kelly Slater

El Eddie Aikau se realizó el 8 de diciembre de 2009 en la Bahía Waimea con un oleaje gigante. El tamaño de las olas de esa tarde no se había visto en años. Ramón corrió la ola más grande del evento por lo cual fue premiado. Ya en la playa corrió hacia los brazos de su esposa, Paloma, que estaba embarazada y también hacia la historia del surf. Fotos: Grant Ellis

En Waimea, las olas rompen a siete metros y medio, en el mismo lugar cuando rompen a cinco metros y medio. Puedes ver estas series gigantescas venir durante mucho tiempo. Todos gritando en la colina y en las rocas, todos poniéndose nerviosos en la fila y algunos comenzando a remar adentro sobre las olas. Pero si quieres agarrar una de esas olas, tienes que quedarte en el lugar y guardar tu sitio, porque si no estás en esa saliente, no agarrarás ni una ola, no importa lo grande que sea tu tabla, no importa lo mucho que lo quieras.

Es un juego mental muy intenso en el que tienes que tranquilizarte y decirte a ti mismo: "de aquí no me muevo".

Fue muy impresionante ver a Ramón que no se movía, ni remaba para alejarse. Sólo bajó su cabeza completamente comprometido. Llegó justo a la cima de la ola y dándole la espalda entró en forma drástica. Necesitas mucha destreza para poder hacer eso. Yo pienso que esto habrá marcado un hito en él. Y probablemente será uno de los recuerdos más significativos de su vida. — Shane Dorian

Greg Long, Ramón Navarro e Ian Walsh
celebrando el espíritu de Eddie Aikau. Foto:
Todd Glaser

03   Protegiendo a
los suyos

La zona de impacto

Fotos de Jeff Johnson

DE CORA— ZONES Y DE MANOS

por Josh Berry

Pichilemu, la ciudad natal de Ramón Navarro y la floreciente capital del surf del país, estaba profundamente perturbada debido a una propuesta del gobierno para construir un vertedero de aguas servidas en La Puntilla, uno de los mejores lugares para el surf. Este tipo de proyectos y las playas mal mantenidas amenazaban a los surfistas, al turismo y todo lo bueno de este pueblo.

Junto con una organización llamada Proplaya—un grupo de surfistas dedicados a proteger el medio ambiente y a cuidar la maltratada costa de Chile—Ramón y yo planeamos una limpieza voluntaria de la playa municipal de Pichilemu. Pero luego los planes se vinieron un poco abajo.

El alcalde del pueblo pensó que nuestra actividad voluntaria era una mala idea. El apoyaba la construcción de la tubería submarina de aguas servidas y no quería que un grupo compuesto por ciudadanos voluntarios limpiara su playa. El día anterior a la limpieza programada, el alcalde envió un grupo de trabajadores de la municipalidad para recolectar la basura de la playa. Quería demostrar que estábamos equivocados y atribuirse el mérito de una playa sin basura.

Ramón y el grupo de locales reunidos esa mañana estaban frustrados, todos sabíamos que el alcalde había enviado a sus empleados para recoger la basura. Las noticias vuelan rápido en esta zona rural de Chile y es imposible mantener un secreto. Todos estábamos molestos, pero todavía teníamos trabajo por hacer. Quedaba mucha basura por recoger aún en las dunas, sólo debíamos caminar un poco más lejos.

Éramos aproximadamente veinte personas, tiritando de frío en las primeras horas de una mañana neblinosa mientras distribuíamos bolsas de basura y ofrecíamos palabras de aliento a los demás. Ramón dio un paso adelante y en voz alta dijo: "¡Cuando terminemos aquí, llevemos toda esta basura a nuestro alcalde! Él sabrá que hacer con ella". Nos reímos y comenzamos con la tarea.

Una hora más tarde, ya había recolectado dos bolsas grandes llenas de basura. La mayor parte era plástico que dejan los turistas que visitan la playa o procedente del mar. Llevamos todo esto y más al estacionamiento desde donde habíamos comenzado y fue inspirador ver a los otros haciendo lo mismo. Agregué lo que había recolectado al gran montón de bolsas de basura negras.

Ramón estaba nuevamente allí hablando apasionadamente: "¡En serio, llevemos esta basura a la municipalidad. Ayer el alcalde decidió limpiar nuestra playa; así es que él sabrá qué hacer con toda esta porquería! Si él piensa que puede solucionar nuestros problemas de esta forma, podemos dejar nuestra basura en su puerta".

Seguí la caravana detrás del camión de Ramón lleno de basura e hicimos la travesía por las calles polvorientas de Pichilemu. Descargamos las bolsas de basura prolijamente, las dejamos en los escalones a la entrada de la municipalidad y colgamos algunas bolsas en los portones de hierro forjado del edificio. Alguien dejó una nota respetuosa: "Sr. alcalde, por favor deseche esto de forma apropiada". Ya habíamos limpiado nuestra playa. Habíamos expresado nuestros sentimientos como ciudadanos y surfistas. La historia se publicó en los medios del lugar y nuestros esfuerzos se aplaudieron.

Poco después, destituyeron a ese alcalde de su cargo por recibir coimas. Tras una larga y difícil batalla, el proyecto de la tubería de aguas servidas también fracasó: en gran parte gracias a los esfuerzos de Ramón, que supo luchar contra políticos corruptos y expresar claramente la importancia que tienen las rompientes de surf para la comunidad.

IZQUIERDA Recoger la basura es sólo parte del plan de Ramón para la preservación de Punta de Lobos para las generaciones futuras. Fotos: Rodrigo Farias Moreno ABAJO Foto superior: Sebastian Mueller, Foto inferior: Dylan Lucas Gordon

ESTA PÁGINA Ramón será el primero en recordarte
que él es sólo la voz de un número cada vez mayor
de guardianes de la costa chilena. Fotos: Rodrigo
Farias Moreno

102

PÁGINA ANTERIOR Ramón en su lugar natal. Foto: Juan Luis de Heeckeren

ARRIBA En el 2010, Chile sufrió un sismo de 8.8 grados
que causó un tsunami y destruyó comunidades a lo largo
de la costa. Fotos: Todd Glaser

UNA COMUNI—DAD CON—MOVIDA

por Will Carless

Los edificios se movían como juncos, después colapsaron. Las calles se abrieron como cremalleras, devorando autos y árboles. Luego, después del movimiento, paredes de agua rompieron contra la costa chilena, succionando todo lo que encontraba en su paso y llevándolo hacia el oscuro Pacífico.

Durante las primeras horas del 27 de febrero de 2010, Chile fue víctima de uno de los terremotos más fuertes de la historia moderna. El sismo de 8.8 grados, junto con una serie de tsunamis, destrozó el centro de Chile. Las noticias de la devastación se supieron inmediatamente en todo el mundo, así también como la advertencia de un tsunami en toda la Costa del Pacífico.

Ramón Navarro no sintió nada.

A las 3:34 de la mañana, cuando ocurrió el terremoto, Navarro estaba acurrucado en un asiento del avión, allá arriba en algún lugar del Océano Pacífico, rumbo a California. Ajeno a la devastación ocurrida, volaba a cientos de kilómetros por hora alejándose de su país y de su familia.

Cuando llegó a Los Ángeles se enteró del desastre que afectó a su país. Las noticias estaban en todas las pantallas de televisión del aeropuerto de Los Ángeles. Los teléfonos y el acceso a internet no funcionaban (o estaban saturados), él y los otros pasajeros no pudieron contactar a sus amigos o familiares.

Navarro corrió al mostrador de la aerolínea en forma frenética y suplicó para comprar un boleto de avión de vuelta a Santiago. Ante todo tenía en su mente a su esposa Paloma, embarazada de ocho meses y medio de su primer hijo y con órdenes estrictas de cuidarse y descansar.

"¡En su último control, el médico le aconsejó que evitara completamente cualquier estrés!", dijo Navarro. "Me estaba volviendo loco".

Lamentablemente no pudo volver a su casa, el aeropuerto de Santiago, de donde había tomado el avión la noche anterior, había sufrido grandes daños. Ningún vuelo podía aterrizar ni despegar. Navarro estaba atascado.

Los compañeros surfistas de ola grande, Greg Long y Kohl Christensen, estaban en el aeropuerto de Los Ángeles para recoger a su amigo Ramón. Habían escuchado las noticias esa mañana, sabían que las cosas estaban mal y no podían dejar a su hermano chileno sentado en el aeropuerto preocupándose.

Le convencieron de subir a la camioneta de Long y manejaron hacia el sur, sólo pararon en un café para usar el internet y obtener más información sobre el desastre. ¿Cómo estaba su esposa Paloma? ¿Resistió su casa? ¿Cómo estaban sus amigos y familiares? Le preocupaba que hubiese pasado lo peor y estaba desesperado por escuchar que su gente estaba a salvo.

Con los nervios hechos trizas, Navarro finalmente pudo contactarse con su familia. Se enteró de que estaban muy afectados y lidiando aún con réplicas frecuentes, pero bien. Le explicaron que el sismo fue muy largo y que por lo menos tres tsunamis golpearon la costa. Era muy difícil encontrar noticias de los alrededores de su pueblo; el alcance del daño ocurrido y el destino de muchos de sus mejores amigos todavía no se sabía.

Debido a que le era imposible poder volver a su casa, por lo menos por unos días, Navarro decidió seguir adelante con lo que vino a hacer: surf de olas grandes, esta vez en una competencia que rara vez se realizaba en la Isla Todos Santos, ubicada en Baja al norte de México. Era algo enorme.

A pesar de sus preocupaciones, Ramón llegó tercero a la final, después de Shane Dorian y Mark Healey. Entre series de olas, pausas eternas y trasbordos en panga, Navarro absorbía cualquier noticia que podía de Chile; con un sismo de 8.8 grados, tsunamis y réplicas de más de 7 grados, estaba claro que la costa central de Chile—la costa de Ramón—había sido golpeada fuertemente. La costa que lo había criado necesitaba su ayuda.

Ese fin de semana, a tan sólo horas del sismo, Long, Christensen y su compañero surfista de California Noel Robinson (que murió trágicamente unos meses después practicando surf en México) decidieron viajar a Chile para ayudar a Ramón. Save the Waves, quienes habían estado trabajando junto a Navarro en la protección del medio ambiente en la costa de Chile, decidieron enfocar sus

esfuerzos en esta nueva campaña de urgencia. La empresa Patagonia también se sumó al esfuerzo y Waves for Water suministró un sin número de filtros de agua.

En el pueblo de Ramón, su amigo y colega Quinn Campbell compró alimentos, mantas y agua potable para distribuir, a pocos pasos de la escuela de idiomas "Chris Wilcox", la cual se improvisó como sede de ayuda para la comunidad de Pichilemu. La voz corrió rápidamente. El papá de Ramón (Jano), Cristian Merello, Diego Medina, Gavin Comstock, Phillip Muller, Pancho Veliz, Rodrigo Farias y otros surfistas chilenos se anotaron para ayudar.

En San Clemente, los suministros se distribuyeron en el estacionamiento de Long: bolsos con ropa para damnificados, tiendas de campaña para refugio, productos de emergencia médica y filtros de agua.

Mientras los esfuerzos de socorro de la campaña "Fuerza Chile" comenzaban a tomar forma, Navarro llegó en el primer avión de vuelta a Chile donde se reunió con su familia. Quinn recuerda que apenas Ramón se bajó del avión, se dirigió directamente a una estación de radio para transmitir: "si puede ayudar y todavía no lo ha hecho, venga mañana a dar una mano". Y así lo hicieron.

Días más tarde, Long, Christensen y Robinson tomaron un avión para Chile cargados con montañas de suministros de socorro. "La aerolínea, milagrosamente al entender lo que estos llevaban, les dejó embarcar cerca de veinticuatro bolsos", dijo Navarro. Otros suministros ya estaban en ruta por medio de flete aéreo.

El esfuerzo de la campaña "Fuerza Chile" aumentó su alcance y tamaño. El equipo de Navarro se encargó de Pichilemu hasta Constitución, mientras que más al sur, Josh Berry de Save the Waves trabajaba con Rodrigo de la O de Coastkeeper, surfistas locales, el difunto Paul Walker y médicos de la organización REACT. En los EE.UU., la ayuda de la comunidad surfista y de otros desbordaba: Rob Machado, Kelly Slater, Jackson Browne, Dawes, Jack Johnson, Andrew Bird, Thomas Campbell, Shepard Fairy, Jon Swift, Wolfgang Bloch, Robert Trujillo, Kirk Hammett, Brushfire Records, la familia Malloy y un sinnúmero de personas apoyaron la causa.

Los voluntarios en el lugar distribuyeron tiendas de campaña, toldos, ropa, alimentos, mantas, filtros de agua y un apoyo solidario inmensurable.

También visitaron otros pueblos en la costa que fueron devastados. Encontraron comunidades que habían sido golpeadas, pero que estaban muy unidas y agradecidas al saber que había gente dedicada a ayudar. Los canales de televisión más grandes de Chile informaron, aparentemente sorprendidos, acerca de la solidaridad de los surfistas que aparecieron para ayudar a las comunidades costeras más necesitadas.

En algunos casos, ayudaron a viejos amigos y a compañeros surfistas, como Pocha de Constitución, cuya casa fue arrastrada por el agua. Pocha, quien fue anfitrión de tantos surfistas en Constitución, perdió casi todo.

Pasaron semanas de campaña y las réplicas todavía rugían y retumbaban debajo de la tierra. Los voluntarios durmieron en terrenos elevados hasta que aflojaron las amenazas de los tsunamis.

Tal vez, el voluntarismo fue un emblema de la unión que se formó mientras estaban juntos en el agua durante situaciones en que arriesgaban sus vidas. Pero la misión para Chile fue innata. "Navarro no le suplicó a nadie", dijo Long. "Sabíamos que ir era simplemente lo correcto".

Según Long: "Ramón siempre se destacó en la comunidad de surf. Él es un embajador de los surfistas, pero también es un embajador de la humanidad".

Por su parte, la ayuda era una forma de devolverle la mano al océano y a las comunidades que lo habían formado. "Fue una manera de mostrar respeto", dijo. "Yo sé quién es el jefe... el principal jefe en mi vida es el océano". Navarro dijo sentirse conmovido e increíblemente agradecido por la efusión de apoyo a su comunidad cuando ésta lo necesitó. Y también quedó profundamente inspirado al ver todo lo que se puede lograr cuando un grupo de personas apoya una misma causa.

TE QUEREMOS
PELLUHU E
co-YUL y
FAMILIA
cco

ARRIBA Fotos: Philip Muller DERECHA Foto superior:
Philip Muller, Foto inferior: Jeff Johnson

ESTA PÁGINA Rapa Nui es una pequeña isla bien lejos de la civilización. Cada vez que Ramón va allí lleva tablas y equipo para los niños del lugar. Fotos: Rodrigo Farias Moreno PÁGINA SIGUIENTE Ramón siente que el océano es un lugar espiritual; siempre se toma el tiempo para agradecer. Foto: Rodrigo Farias Moreno

Fuego y hielo

Fotos de Rodrigo Farias Moreno,
Alfredo Escobar y Juan Luis de Heeckeren

Conocí a Ramón haciendo surf en Himalaya, que [en ese momento] era nuestra propia serie privada de seis metros. Kohl lo llevó allí. Pienso que quien pueda hacer surf en esas olas y salir al arrecife, merece estar ahí. Ramón estaba allí y se hacía notar. — Dave Wassel

PÁGINA ANTERIOR Los lugareños vigilan, aunque la amenaza más grande son las focas leopardo que patrullan en la profundidad. Foto: Juan Luis de Heeckeren ARRIBA Foto: Rodrigo Farias Moreno

122

04 Subiendo al escenario

POR AMOR AL SURF

por Gerry Lopez

Ramón Navarro es un surfista espectacular, pero hemos escuchado hablar de él sólo en los últimos diez años. Su nivel de experiencia, sin embargo, no se obtiene en una década. Entonces, ¿cómo es posible que uno de los mejores surfistas de olas grandes de nuestra generación sea conocido recién ahora?

Para desarrollar buenas habilidades de surf—además del deseo necesario, determinación, atletismo, aptitud y una conexión innata con el océano—uno necesita mucho surf. Pero es sólo a través de una disposición mental especial que uno puede llegar al éxito.

El miedo juega una gran parte en el desarrollo de todos los surfistas —miedo al fracaso, miedo al mar, a los tiburones, a todo lo que la mente pueda evocar para tenerle miedo. El proceso de aprendizaje para superar y vencer estos miedos es lo que diferencia a algunos surfistas del resto. En cuanto a la relación con olas grandes, hay que aceptar otro nivel de miedo: el miedo muy real que conlleva la fuerza de las olas que puede, fácilmente, vencer al surfista más fuerte y valiente, al más incondicional, que puede mantenerle debajo del agua hasta que se quede sin aire. Y tal vez, las olas grandes, aumenten ese miedo a lo desconocido, a lo impensable, a lo inimaginable. La parte física del surf es bastante difícil de dominar, pero la parte mental es lo que hace o deshace al surfista de ola grande.

En los Estados Unidos, Australia, o en cualquier país importante de surf, los surfistas que superan estas pruebas están bien vigilados y entrenados, frecuentemente se convierten en estrellas de surf siendo aún adolescentes. En un país como Chile, con olas constantes y excelentes, un surfista como Ramón, con habilidades estupendamente desarrolladas, apareció en la escena del surf como un cometa, dejando maravillosamente asombrado al mundo del surf. Por supuesto, gracias a Ramón, ahora Chile es una entidad conocida y más cometas como él serán anunciados antes de descubiertos. Ramón ha llegado y tanto su destreza como su fama continúan elevándose.

Durante el Volcom Fiji Pro 2012 se pronosticó un gran oleaje y muchos, o todos, los especialistas de olas grandes estaban allí. El evento internacional de la Asociación de Profesionales de Surf (ASP World Tour) es muy importante, 32 de los mejores surfistas del mundo, todo su equipo técnico y la batería de tablas, trajes y accesorios, más las personas que acompañan y trabajan para un evento de esta envergadura, sin duda hacen llegar al límite a las Islas Tavarua y Namotu. Si tomas en cuenta a todos los surfistas de olas grandes con sus tablas, esto se convierte en un espectáculo de proporciones significativas.

Tal vez fue cosa del destino, pero por razones desconocidas la competencia se suspendió mientras el oleaje crecía. Esto permitió que quien estuviese en el agua y dispuesto a hacer surf, comenzase libremente. Se convirtió en una de las mejores sesiones de la historia de surf libre en olas grandes. Cloudbreak estaba mejor que nunca, con muchas olas de cuatro metros y medio a seis metros y otras más grandes aún.

Cloudbreak es un lugar único, con un canal de aguas profundas y vientos predominantes de la costa. El final de la ola es confuso, ya que te encuentras con el arrecife, acertadamente llamado Shish Kabob, donde las cerradas o hasta las salidas ejecutadas prolijamente en un conjunto de amplias oscilaciones se convierten en momentos de terror absoluto. Mejor no encontrarse atrapado en esta zona baja de corales que son muy filosos.

Los vientos en la costa alcanzan a menudo un rango nuclear, cuelgan al surfista en el labio de un despegue ya empinado. Las tormentas generadas por los vientos Roaring Forties empujan fuertes olas entre Australia y Nueva Zelanda y directamente hacia este arrecife de Fiji. Cloudbreak no es un juego. De un metro a metro y medio, una ola rápida y hueca te puede dar una paliza. Las de dos metros a dos metros y medio son de categoría mundial y muy peligrosas. Cuando alcanzan tres metros a tres metros y medio, ya es otra historia. La ola baja del arrecife, duplicándose en un despegue clásico

La primera sesión de Ramón en Fiji durante el oleaje histórico de la Isla Tavarua en 2012. Foto: Fred Pompermayer

apto sólo para expertos y que frecuentemente los deja confundidos o deseando misericordia en un intento fallido. Quedar atrapado en Cloudbreak cuando hay olas grandes es sólo para valientes; no hay nada más escalofriante y peligroso. Con olas de cuatro a seis metros, Cloudbreak es casi otro sistema solar.

Al amanecer del día jueves, la patrulla vio que había oleaje y que éste continuaba aumentando. Cuando la competencia se suspendió, la fila en el agua era impresionante: incluía a Ramón, Mark Healey, Ian Walsh, Nathan Fletcher, Grant Baker, Kohl Christensen, Reef Mcintosh, Jamie Sterling, Jamie Mitchell, Alex Gray, Dave Wassel, Danny Fuller y muchos de los surfistas de la Asociación de Profesionales de Surf (por sus siglas en inglés ASP), ninguno de ellos tenía tablas suficientemente grandes para aquellas condiciones. Las olas estaban fuera de cualquier escala.

Aunque los surfistas dejaban pasar algunas olas, el surf estaba increíble. Una ola enorme dejó a Mark Healey fuera de posición, lo soltó de su leash (cuerda de tabla) y tuvo que nadar para salvarse. La pequeña imagen de su tabla "gun" de tres metros en el labio agitado e increíblemente grueso de un tubo enorme, que podría medir ocho metros y medio, es una de las tantas imágenes significativas de esa sesión. Reef Mcintosh e Ian Walsh corrieron olas memorables, hermosos tubazos sin una gota de agua fuera de lugar.

La ola de Ramón fue una de las más destacables. No fue la más grande, pero de ninguna manera fue pequeña. Si la midiéramos, la ola podría haber tenido cuatro metros a la altura donde Ramón la bajó. En Cloudbreak, con este tamaño de olas, no hay entrada fácil; Ramón usó cada centímetro de su tabla de tres metros para arañar su camino en esa ola bestial.

¿Qué pasaría por su mente cuando se puso de pie para comenzar la bajada de esta ola? La podía ver estirada muy por delante, los otros surfistas miraban sobre sus hombros o remaban fuertemente para salirse del paso y sólo había una manera para llegar al otro borde, fue un momento crucial. Pero en este instante Ramón estaba listo, concentrado y relajado. Parecía que la ola crecía mientras Ramón hizo un giro debajo del labio turbulento. De nuevo, necesitaba cada centímetro de su tabla "gun" para aferrarse a la empinada pared y agarrar una línea del tubo espeso que absorbía agua y parecía querer llevarse a Ramón y a su tabla.

Allí, bien profundo, Ramón hacía surf en las entrañas de este monstruo carnoso, mientras éste trababa de comérselo. Una bola de espuma se formó detrás suyo y amenazó con enrollarlo. En sólo un momento esta se movió debajo de la tabla y le sacudió violentamente, pero Ramón logró mantenerse y se escurrió a un lado de ella. Mick Fanning, uno de los mejores surfistas del mundo, gritó de emoción al ver que Ramón todavía se deslizaba en lo profundo del tubo.

Fotos: Fred Pompermayer

Fue una jornada impresionante—una entrada a la Montada de Olas Grandes XXL del Año—pero tal vez fue sólo otra ola en la vida de Ramón Navarro, quien lo hace por la mejor de las razones...porque lo ama.

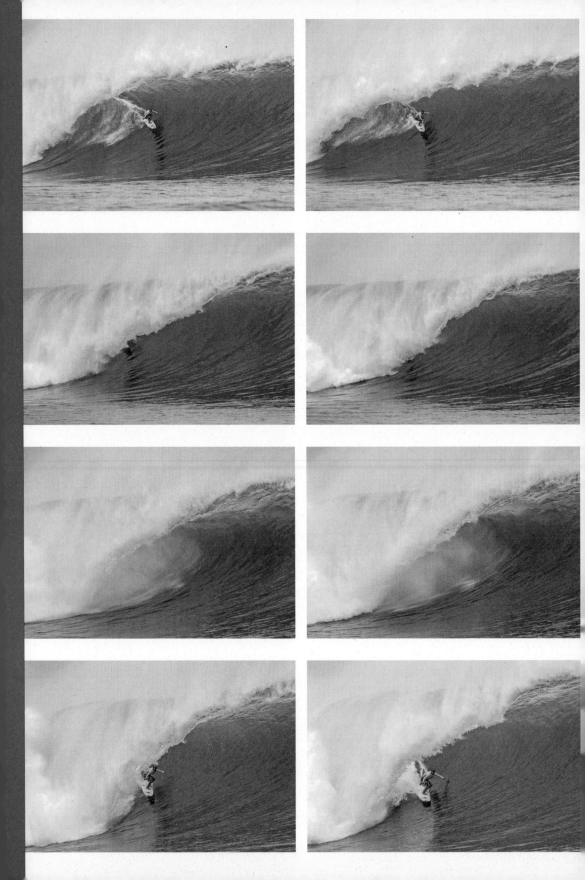

Estábamos en Fiji por ese oleaje. Los mejores surfistas de olas grandes estaban allí. Vi a Ramón en una ola y primero pensé: "Oh no, está muy profundo. ¡Se va a dar una paliza!". Pero justo en ese instante despegó, entró y desapareció en la ola. Después lo vi encima de una bola de espuma. Luego cayó en otra sección e hizo exactamente lo mismo. La tabla flotaba como si estuviera en una ola de dos metros, o algo por el estilo. En otro instante, quedé con el corazón en la boca porque pensé que había muerto, pero siguió flotando sobre esas bolas de espuma...fue una de las sesiones más intensas que he visto en mi vida. — Mick Fanning

PÁGINA ANTERIOR Fotos: Tom Servais DERECHA Un agradecido Ramón. Foto: Fred Pompermayer

UNA RESERVA MUNDIAL PARA EL SURF

por Nick Mucha

¿Qué harías si inversionistas planean construir proyectos comerciales de gran envergadura en la costa agreste de tu lugar natal? Si fueras Ramón Navarro, quien desea proteger Punta de Lobos, formarías un equipo en conjunto con la organización Save The Waves, obtendrías permisos para que el sitio se convierta en Reserva Mundial para el Surf y juntos montarían una campaña dedicada a debilitar los nefastos planes de aquellos inversionistas.

En respuesta a estas emergentes amenazas, un grupo apasionado de surfistas del lugar, ecologistas, funcionarios públicos y líderes comerciales de Pichilemu, Chile—donde se ubica Punta de Lobos—se aliaron bajo el liderazgo del héroe local del surf. Se comprometieron a controlar la situación y a crear una protección legal para la emblemática rompiente de izquierda de Lobos, su rico entorno marino y para la pesca artesanal tradicional. El primer paso fue presentar una solicitud de Reserva Mundial para el Surf a la organización Save the Waves Coalition en septiembre de 2013.

Save The Waves Coalition, una organización sin fines de lucro dedicada a conservar y a proteger el medio ambiente costero, supervisa un prestigioso programa de Reserva Mundial para el Surf (por sus siglas en inglés WSR). Este programa recibe cada año docenas de solicitudes de comunidades litorales provenientes del mundo entero que quieren proteger las zonas de rompientes de surf de sus propios lugares. El programa WSR es muy selectivo y sólo seis zonas de rompientes han sido calificadas para la denominación WSR: Malibú, California; Manly Beach, Australia; Ericiera, Portugal; Santa Cruz, California; Huanchaco, Perú; y Bahía de Todos Santos, Baja California.

El programa identifica, designa y busca preservar zonas de surf y su medio ambiente. El programa es un modelo global para preservar rompientes de olas y su entorno al reconocer los beneficios para el medio ambiente, la cultura, la economía y la comunidad. Esta red global de Reservas de Surf está diseñada para enseñar al mundo el enorme valor de estos lugares y proveer además los planes y herramientas necesarios para ayudar a dichas comunidades a proteger sus zonas de rompientes.

Un comité internacional compuesto por respetados surfistas, científicos y ecologistas, conocido como Vision Council, regularmente evalúa nuevas solicitudes de WSR. El comité Vision Council revisa cada solicitud teniendo en cuenta cuatro criterios: ① calidad y regularidad de las olas, ② características del medio ambiente local, ③ cultura del surf e historia del área y ④ apoyo de la comunidad local.

A pesar de este programa tan selectivo, no sorprende que hayan aprobado a Punta de Lobos como la próxima Reserva Mundial para el Surf. Punta de Lobos es famosa por la calidad de su surf, la dinámica cultura local, el robusto ecosistema marino y la hermosa topografía. La famosa rompiente de izquierda varía de un metro a ocho metros y medio y es visitada por surfistas de olas grandes pertenecientes a la elite internacional. La historia del surf de Chile se puede seguir aquí en Lobos, donde tanto los surfistas visitantes como los locales han hecho surf de manera regular.

Punta de Lobos no sólo provee un lugar de recreación para los surfistas, también es uno de los paisajes más particulares de la costa de Chile, con los emblemáticos Morros, hermosos promontorios que adornan el lugar. Punta de Lobos mantiene un rico ecosistema costero y marino que incluye abundantes peces, crustáceos, cactáceas endémicas y diversas especies de aves, además, es un punto de parada migratoria de las ballenas grises.

Ramón Navarro nació y se crió en esta magnífica región y fue el primero en congregar a otros defensores de la costa local para protegerla. Su liderazgo y su visión son, sin duda, los catalizadores del actual nombramiento de Punta de Lobos como Reserva Mundial para el Surf.

En este momento, toda la punta es de propiedad privada. Las leyes de urbanismo actuales permiten nuevas construcciones y se ha propuesto por

PÁGINA SIGUIENTE Punta de Lobos ofrece una de las mejores olas de izquierda en el mundo, pero también una de las más constantes y divertidas de Sudamérica. Foto: Rodrigo Farias Moreno

IZQUIERDA Foto: Rodrigo Farias Moreno
ABAJO El orgullo más grande de Ramón: su madre, María. Foto: Jeff Johnson

lo menos un proyecto de condominio de gran escala. Si no se frena, Punta de Lobos podría transformarse en algo irreconocible y generaciones de pescadores artesanales podrían verse afectadas con la privatización y la utilización de equipos de construcción.

Save The Waves y el comité local de WSR han detenido en forma eficaz, por ahora, la amenazante corriente de desarrollo a lo largo del área. La visión a largo plazo es proteger la costa de Punta de Lobos y convertirla en un espacio público en forma permanente. Especialmente para aquellos que disfrutan y aman las largas y fuertes rompientes de izquierdas en un entorno extraordinario.

ABAJO Punta de Lobos se ubica donde un océano generoso se encuentra con una tierra también generosa; la historia de la punta es de pesca y ganadería. Foto: Jeff Johnson DERECHA Foto: Rodrigo Farias Moreno PÁGINA SIGUIENTE Foto: Juan Luis de Heeckeren

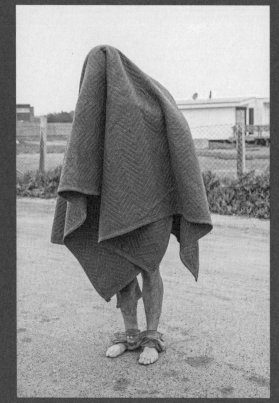

UNA VISIÓN PARA PUNTA DE LOBOS

por Ramón Navarro

Cuando era niño quería ayudar a mi papá y ser exactamente como él: un pescador. Más tarde, un par de tipos llegaron al pueblo con tablas de surf y trajes de neopreno y dije: "¡Guau! ¡Esto es increíble!". Luego, lo que más quería en el mundo era aprender a hacer surf.

Entonces aprendí a surfear y comencé a viajar por el mundo, pero muy rápido me di cuenta de que el mejor lugar para surfear estaba aquí en mi país. Tenemos tramos de costa increíble y sin mucho desarrollo. Tenemos olas grandes, buenas olas pequeñas y la tradicional cultura de pesca arteseanal que amo. No podría ser mejor.

Mientras viajaba por el mundo, vi costas similares contaminadas o dañadas para siempre por desarrolladores fuera de control. Vi lugares que fueron prístinos, pero que ya no lo eran. Me di cuenta de que la costa que amo tanto, estaba también amenazada por fábricas de pulpa de papel, tuberías de aguas servidas, represas y desarrollos insensatos.

Chile es un país increíble. No podría estar más orgulloso de ser chileno, de Punta de Lobos, de ser el hijo de mi papá, un pescador y buzo. Sé que tengo la responsabilidad de honrar las generaciones anteriores y proteger mi costa. Lo tengo que hacer. Depende de nosotros asegurarse de que hayan pescadores artesanales (y peces) en el futuro. Es nuestra responsabilidad asegurar que nuestros hijos y sus hijos puedan ver estos paisajes hermosos y su biodiversidad.

Nací en Punta de Lobos y amo Punta de Lobos. Fue aquí en esta costa donde aprendí a hacer surf. Siempre estaré agradecido de las experiencias, los lugares y la gente que el surf me ha permitido conocer. Lucharé para proteger Punta de Lobos y toda la costa de Chile. Y esto no tiene que ver con intereses personales sino con una visión de futuro.

Yo sé que no puedo lograr mucho solo. Y creo que todos saben qué es lo correcto y qué es lo que se debe hacer: luchar para salvar estos lugares especiales antes de que desaparezcan.

PÁGINAS 140-143 Fotos del rodaje del documental *El Hijo del Pescador*. Craft Services fue un balde de moluscos y el "programa" era simplemente seguir el ritmo de Ramón y de su familia. Tim Lynch, productor; August Thurmer, director de fotografía; y Chris Malloy, director, sobre la marcha. Agradecemos a Chris Evans, Michael Pizzo, Tieneke Pavesic, Todd Hannigan, Dave Homcy, Scott Soens, Rodrigo Farias, Alfredo Escobar, George Manzanilla, David Burden, Amber Fillis, Ian McGee, Wyatt Daily y Sean Hall. Fotos: Jeff Johnson

ABAJO Foto: Scott Soens

Mucha gente que me ha ayudado a lo largo de este camino y quisiera agradecerles. Sobre todo a mi mamá y a mi papá, María Rojas y Jano Navarro. A mi esposa, Paloma Balmaceda, junto con Alfredo Escobar, Chris Evans, Matías López, Pablo Yanez, Kohl Christensen, Dusty Middleton y Neolani.

Agradecemos a Leica
por el continuo apoyo